LECTURA VELOZ

Aprenda cómo triplicar tu velocidad lectora

(Incrementa tu velocidad de lectura mientras lees mucho)

Lupo Soria

Publicado Por Jason Thawne

© **Lupo Soria**

Todos los derechos reservados

Lectura Veloz: Aprenda cómo triplicar tu velocidad lectora
(Incrementa tu velocidad de lectura mientras lees mucho)

ISBN 978-1-989891-21-6

Este documento está orientado a proporcionar información exacta y confiable con respecto al tema y asunto que trata. La publicación se vende con la idea de que el editor no esté obligado a prestar contabilidad, permitida oficialmente, u otros servicios cualificados. Si se necesita asesoramiento, legal o profesional, debería solicitar a una persona con experiencia en la profesión.

Desde una Declaración de Principios aceptada y aprobada tanto por un comité de la American Bar Association (el Colegio de Abogados de Estados Unidos) como por un comité de editores y asociaciones.

No se permite la reproducción, duplicado o transmisión de cualquier parte de este documento en cualquier medio electrónico o formato impreso. Se prohíbe de forma estricta la grabación de esta publicación así como tampoco se permite cualquier almacenamiento de este documento sin permiso escrito del editor. Todos los derechos reservados.

Se establece que la información que contiene este documento es veraz y coherente, ya que cualquier responsabilidad, en términos de falta de atención o de otro tipo, por el uso o abuso de cualquier política, proceso o dirección contenida en este documento será responsabilidad exclusiva y absoluta del lector receptor. Bajo ninguna circunstancia se hará responsable o culpable de forma legal al editor por cualquier reparación, daños o pérdida monetaria debido a la información aquí contenida, ya sea de forma directa o indirectamente.

Los respectivos autores son propietarios de todos los derechos de autor que no están en posesión del editor.

La información aquí contenida se ofrece únicamente con fines informativos y, como tal, es universal. La presentación de la información se realiza sin contrato ni ningún tipo de garantía.

Las marcas registradas utilizadas son sin ningún tipo de consentimiento y la publicación de la marca registrada es sin el permiso o respaldo del propietario de esta. Todas las marcas registradas y demás marcas incluidas en este libro son solo para fines de aclaración y son propiedad de los mismos propietarios, no están afiliadas a este documento.

TABLA DE CONTENIDO

PARTE 1 1
INTRODUCCIÓN 2
CAPÍTULO UNO: APRENDE MÁS SOBRE COMO LEER DE MANERA EFECTIVA 3
CAPÍTULO DOS: MÉTODOS DE LECTURA RÁPIDA 10
CAPÍTULO TRES: TRUCOS DEL INTERCAMBIO 15
CAPÍTULO CUATRO: APRENDE LECTURA RÁPIDA EN UNA HORA 22
PARTE 2 32
CAPÍTULO 1: ¿QUÉ ES LECTURA RÁPIDA Y POR QUÉ NECESITAS APRENDER A HACERLO? 33
CAPÍTULO 2: UN ACERCAMIENTO AL APRENDIZAJE DEL ARTE DE LECTURA RÁPIDA – 3 SIMPLES PASOS 43
CAPÍTULO 3: IDENTIFICANDO Y CORRIGIENDO LOS MALOS HÁBITOS DE LECTURAS QUE TE DETIENEN 49
CAPÍTULO 4: APRENDE NUEVOS CONSEJOS Y TÉCNICAS PARA MEJORAR TU HABILIDAD LECTORA 70
CAPÍTULO 5: PRACTICA E IMPLEMENTA LO APRENDIDO .. 81
CONCLUSIÓN 86
APÉNDICE -3 PÁRRAFOS DE PRÁCTICA CON PREGUNTAS . 87
PÁRRAFO 1 – EXTRACTO DE FICCIÓN 87
PÁRRAFO 2 – EXTRACTO DE NO FICCIÓN 91
PÁRRAFO 3 – EXTRACTO DE NO FICCIÓN 95

Parte 1

Introducción

Quisiera extender un reconocimiento y agradecerte por haber descargado este libro.

Los contenidos de esta lectura te darán pasos y estrategias para aprender de Lectura rápida en menos de una hora.

Provee una guía paso a paso de como aprender a leer 3-5 veces, más de lo que normalmente lo haces en una hora-con consejos de como escoger el contenido de las lecturas, crear un ambiente apto para lograr este método y otros consejos y trucos que seguir.

¡De nuevo gracias por adquirir esta lectura, espero le encuentres uso!

Capítulo Uno: Aprende más sobre como leer de manera efectiva

En una mano, tienes los libros que requieren tu atención total, tiempo para dedicarle y tal vez una taza de café para poder absorber todo su contenido. Clásicos como el Este del Edén, De ratones y hombres, estos requieren que te tomes un momento, asiento y leer pacientemente cada una de las palabras y oraciones, amenos de que te arriesgues a perder alguno de los simbolismos o significados que el autor elegantemente trata de comunicar.

En la otra mano, están esas lecturas livianas, que no requieren de mucha atención o concentración y francamente la lista de estos es larga que los de la categoría anterior.

Cuando te despiertas en la mañana, las primeras actividades que haces es revisar tus redes sociales o correo, tal vez leer el periódico. ¿Necesitamos enserio concentrarnos en estas lecturas al cien porciento? La verdad es que no. ¿Qué tal tu lista del diario, o los últimos tweets de tu muro de noticias, o las publicaciones de tus amistades en Facebook, los subtítulos de cualquier película o el resumen de la reunión del trabajo?

Quizá sean importantes o interesantes, pero no requieren de toda tu atención.

Ese es básicamente el concepto de la Lectura rápida.

¿Qué es la Lectura rápida?

Es básicamente, para recalcar lo obvio, leer lo que sea a una gran velocidad, entender completamente sus contenidos, pero reduciendo considerablemente el tiempo que normalmente requeriría la lectura en sí.

En este mundo moderno, muchas ocasiones se han demostrado, requieren la cualidad de saber como hacer Lectura rápida; conforme el tiempo pasa mas y mas estudios demuestran que es algo que el día a día de cualquier persona va a necesitar o necesita.

Hoy día, existen varios métodos o cursos y muchas otras opciones de como aprender esta habilidad.

La persona promedio, lee aproximadamente 200-400 palabras por minuto, esto depende de su preparación académica, edad, experiencia y la dificultad del texto en cuestión. Otros factores importantes son, la concentración que se tienen dentro de la ventana de tiempo de lectura, como por ejemplo cuando esta haciendo más de una actividad aparte de leer o las condiciones que te rodean al momento de leer, sonido de ambiente, como tu perro, un auto u otras personas haciendo conversación cerca de ti.

Una persona que tenga su experiencia en Lectura rápida puede llegar a leer entre 1000 a 2000 palabras por minuto, es decir 5/6 la velocidad de una persona normal y esto es comprendiendo en su totalidad el contenido del texto.

La importancia de la Lectura rápida

No es de extrañar, de que aun mientras lees este libro, aun te sientas en duda, sobre la importancia y necesidad de esta habilidad y muchas preguntas empezaron a aparecer en tu cabeza. Tales como: ¿Es esto enserio algo que necesito esto en mi vida? ¿O que podría ser algo que gane o logre con leer rápido?

Déjame exponer un par de escenarios simples para ti.

Supongamos que necesitas, ir al super mercado y el tiempo es poco para regresar a tus otros que haceres. En lugar de tener que ojear la lista cada vez que agregas un producto a tu carrito, tomas un minuto para analizar la lista y de este pequeño escaneo, creas un recorrido optimo de cada pasillo, para salvar tiempo. ¿Qué tal suena eso?

Hoy te levantaste tarde, tienes que ir al trabajo y tienes dos opciones: revisar toda tu bandeja de correo, porque sabes que estabas esperando un correo muy importante para hoy, arriesgando llegar mas tarde al trabajo o salir de la cama de una vez e irte derecho a la oficina. Que tal si puedes escanear tu bandeja de manera eficiente, en un par de minutos y luego irte a la oficina.

Tienes una presentación importante en la reunión de hoy, en los próximos minutos y no tuviste tiempo para prepararte como necesitabas para este nuevo cliente. Te arriesgas a hablar teniendo presente que no estas listo aparte de lo mínimo que sabes o te tomas unos diez minutos y investigas en internet, quien es el cliente, como es la naturaleza de su compañía, sus intereses, su historia y lo sintetizas para saber a lo que vas a enfrentar.

Estas en las ultimas paginas de un drama muy interesante, pero tienes que resumir tu vida y regresar a trabajar. Sabes que no tendrás paz, pensando que va a suceder en el clímax de la historia. ¿Te levantarías sabiendo que, no te vas a poder concentrar en nada mas al máximo, porque sabes que tienes la cabeza, imaginando múltiples finales o puedes utilizar tu lectura rápida y terminas esas ultimas páginas en tus últimos minutos para no irte con la intriga?

La vida real tiende a tener escenarios como estos, mas seguido de lo que parece, que demuestran la verdad utilidad de esta habilidad tan subestimada, especialmente en la vida atareada que la mayoría vivimos.

No solamente tiene esas pequeñas ventajas en tu día a día, lo importante es **que siempre vas a poder estar preparado**. Una vez que te adaptes a esta habilidad, no tendrás problema de poder sostener tu estatus en un examen sorpresa o en una reunión sin previo aviso.

Concentración mas agilizada. No tienes una idea, los beneficios que esto puede traer a tu vida del día a día. Cuando llegas a dominar esta habilidad puedes poner toda tu atención en una sola acción, te concentras, solamente en esa información que necesitas procesar y esto es practica para otras ocasiones de tu vida, en las cuales necesitas ajustar tu atención al máximo.

Un bono en confianza. ¿Como? Imagínate en una situación en al cual tienes poco o nada de información sobre la que esta sucediendo y te tienes que preparar para una conversación con alguien importante. En un par de minutos e internet, puedes coleccionar suficiente para crear una conversación o tal vez hasta un pequeño debate o entrevista, sobre sus intereses que recién encontraste.

Tal vez se dé un viaje con tus compañeros de oficina. Toma el tiempo para entender y memorizar lo que los panfletos describen, la historia, los paisajes y otras curiosidades del lugar al que tu equipo tienen como destino e impresiona a tus pares y a tus jefes con tu conocimiento del área.

Puedes ahorrar tiempo. Básicamente el este es el principio de la Lectura rápida, ¿no?

El tiempo que antes invertías en los textos que no requieran la atención que le dabas o los que no sabias bien invertir tu atención, se vuelve en ventanas para descansar o para hacer alguna otra tarea que tengas en tu día.

Si estas razones, no te terminaron de convencer, creo que es tiempo de presentarte los métodos y trucos de esta habilidad.

Capítulo Dos: Métodos de Lectura Rápida

La lectura rápida es una habilidad que requiere de un claro entendimiento y mucha practica. Existen varios métodos para poder ejercitar esta habilidad de manera apropiada, este capítulo va a cubrir las bases de los métodos. Esto va a aumentar tu velocidad de lectura entre 3 a 4 veces más, va a hacerte mas salvar mas tiempo y mantenerte preparado o preparada.

1. Filtrar

Este proceso requiere que la persona involucrada, visualmente haga un escaneo del texto, para encontrar su idea o ideas principales, en lugar de tener que leer puntualmente cada párrafo. Algunos crean una síntesis simplemente leyendo los primeros párrafos de un artículo, o las primeras oraciones o ciertas extracciones del inicio, mitad y conclusión del artículo.

Filtrar tiende a creer cierta desconexión, ya que puede no darle al lector una idea clara de lo que el texto en total trate de dar a entender y tan solo da una idea general. Esta técnica es para momentos de apuro, donde el tiempo es carente, pero puede resultar defectuoso, si el texto en sí está escrito de manera poco ortodoxa o que cambie sus ideas o tono después de cierto punto.

Existen unos pasos para filtrar el contexto de un texto

- Crea un entendimiento general del texto.
- Si es posible, lea el primer párrafo en su totalidad, esto te dará una idea del tipo de escritor y su tono.
- Lea las primeras oraciones de los párrafos y escanee rápidamente el resto del párrafo, para encontrar alguna palabra o idea importante.
- Lea el último párrafo por completo y compare si la idea es la misma al resto del cuerpo del texto.

Filtrar es una buena idea para refrescar ideas de información ya analizada y aprendida, para un examen o para un revisar la estructura de un correo que tienes que enviar a alguien importante.

2.Escanear

Escanear es el meto más rápido y eficiente para acelerar tu habilidad de leer en un margen substancial. En contraste a filtrar, este método es basado en encontrar palabras o frases especificas en el cuerpo del texto.

Por ejemplo, supongamos que tienes el periódico en tus manos y estas buscando una noticia en específico, digamos algo relacionado a tu vecindario. No vas a leer todas las noticias y enunciados del periódico, por esa pieza en particular; sino, lo que necesitas es simplemente es escanear las paginas por un nombre familiar o algo que se relacione con tu vecindario.

Usa este método, con cuidado y en pequeña escala, esto hace que tu búsqueda sea mas simple de completar. Siguiendo el ejemplo anterior, cuando buscas por algo relacionado con tu vecindario, será una búsqueda mas simple si, buscas en las paginas correctas, como la sección de noticias locales o sucesos recientes.

Similarmente, si buscas por la palabra

xilófono en el diccionario, vas a buscar en la sección dedicada a las palabras con la inicial "X", no todo el diccionario. Cuando buscas por un capitulo en especial en un libro, lo que haces es encontrarlo en el índice y localizar la pagina donde este comienza, no escaneas el libro entero hasta llegar a este.

Esta técnica, no debería ser extraña para cualquiera, esto se nos da naturalmente. En nuestro día a día, es una práctica que comúnmente tenemos, simplemente escaneamos, no leamos a fondo la mayoría de texto que nos encontramos, desde los ingredientes del cereal, el anuncio camino al trabajo, el directorio del teléfono, etc. Es solo natural, siempre estamos en la búsqueda de algo que nos llame la atención.

3. Meta Guiar

Este método requiere de la ayuda de un objeto, que ayuda a apuntar, un lápiz, un dedo o un separador- para guiar tus ojos a seguir cada oración en un texto. Esta ayuda visual hace que tus ojos tengan mayor facilidad de concentrarse en lo que están procesando y consecuentemente hace que tu velocidad al leer se aumente.

Esta técnica se asimila, a cuando en la niñez aprendías a leer, pues usaban los dedos para seguir la oración con facilidad. Cuando un individuo usa el dedo para guiar, los ojos seguirán la velocidad del movimiento de los dedos y por ende la velocidad de tu lectura se ajustará a esto. Con practica la velocidad de tu objeto que guía, puede aumentar por lo tanto tu velocidad de lectura lo hará también.

Practicando estos métodos, por mas o menos una hora al día puede darte la velocidad de leer en alto rendimiento cualquier texto, sin importar su intensidad o profundidad. Ya tienes el conocimiento de los métodos, es el momento de que los pongas en práctica. ¿Quizá utilízalos en los en el siguiente capítulo?

Capítulo Tres: Trucos del Intercambio

La lectura rápida es en sí, basada en un conjunto de trucos e ideas que se combinan, para condensar información de manera mas eficiente. No todos estos métodos funcionan en cualquiera; sino, la persona normal requiere de uno de dos para empezar a desarrollar esta habilidad.

Cuando intentas hacer esto en algunos textos, yo te recomiendo que intentes algunos de los trucos que te voy a dar adelante, inténtalos todos, prueba cual te sirve mas y cual se ajusta mas a la manera en la que lees.

1. Leer en Grupos

En lugar de leer palabra por palabra, la idea es agruparlas en pequeñas unidades. El objetivo principal es, hacer menos movimientos con tus ojos, cada vez que agrupas, dejas de centrarte en cada palabra, lo que hace perder menos tiempo.

En un párrafo, practica segmentar las palabras en grupos de 3 o 4 palabras, trata de leer estos grupos y procesa su significado. Por ejemplo:

Estaba en el mejor momento, fue el peor resultado, fue una era dorada, comenzó una era inservible, fue la fuente de impulso, fue la fuente de decepción, fue la temporada de luz, fue la temporada de oscuridad, fue la primavera de esperanza, fue el invierno de desesperación…

Es cuestión de entrenar tu mente, ya que de esta manera tu mente segmentara de manera inconsciente, tu mente al agrupar las palabras comenzara a ignorar esos "fue la" y utilizara el resto del grupo para substraer el significado principal.

2. Limita tus movimientos oculares

En lugar de mover tus ojos sobre toda la página, enfócate solo en la oración que estas procesando. Trata de limitar tu visión a las esquinas de cada oración.

La visión se tiene que limitar a un punto de referencia, un truco que puedes intentar es crear una line de luz, en medio del texto, para limitar tu foco de visualización, mantén la vista en esa línea. Una vez enfocados en la línea, comienza a mover tus ojos de izquierda a derecha, usando las oraciones del texto como guía, mantén tu mirada constante. Esto reducirá los movimientos innecesarios, de tu cabeza y ojos, a la larga esto va a salvar un poco más de tiempo.

3. Detén la subvocalización

La mayoría no notamos que, mientras leemos tendemos a vociferar las palabras que están enfrente nuestro y esto lo hacemos en nuestra mente. Otros, llegan a imaginar como suenan las palabras en voz alta. Esto es un habito que ignoramos y es una potencial perdida de tiempo.

Este habito, por lo usual es un remanente de nuestra niñez, cuando aprendimos a leer, pero nos sigue hasta la vida adulta. Lo que una vez, fue una excelente herramienta de aprendizaje, ahora es un mal habito que tiende a ser un desperdicio de tiempo.

Así que, detente, trata de detener este mal habito, una vez que aprendas a no leer sin una voz en tu cabeza, vas a perder menos tiempo, ya que no imaginaras el sonido de las palabras en tu cabeza. Las palabras en un texto no deberían trascender a mas haya de eso, tenemos que entender el significado de cada palabra, no su sonido-lo que se vuelve vital, cuando estas en un apuro o necesitas terminar de leer algún libro, reporte, guion y la lista puede seguir.

4. Trata de no repasar contenido innecesario

Cuando necesitamos citar o referirnos a alguna parte de un texto, ya sea para comprender mejor el significado de una oración o algún escenario similar, tendemos a volver a leer la ultima parte del texto y volver una oración, o un párrafo o incluso a la página anterior de nuestro libro. Viene a no ser una sorpresa que, volver a encontrar lo que no entendimos o lo que nos confundió o lo que olvidamos, viene a ser extremadamente innecesario y gasta mucho mas tiempo del que se debería, sin mencionar el tiempo que vas a tomar en analizar y tratar de entender lo que nos hizo regresar a este punto.

No es la mejor práctica, si quieres comenzar a dominar la lectura rápida. Olvida o evita volver a algún punto, en este contexto, si perdiste el significado de algo o no tienes muy claro algún punto del texto, continua, las probabilidades de que eventualmente entiendas el concepto principal de la lectura, si continúas leyendo, son altas, es tan solo cuestión de tiempo. En el caso de que, si necesites regresar por algún punto muy importante, no esta mal, pero hazlo rápido y trata de no hacerlo por mucho tiempo ni muy seguido.

5. Presta atención a lo que es más importante

La mayoría del contenido de un texto tiende a no ser vital para su punto principal, ahora si estas tratando de hacer lectura rápida, la verdad se vuelve innecesario, leer toda la información del texto. Por lo usual, si te saltas o no absorbes toda la información, no va a alterar el mensaje principal del texto o la historia. Esto es fácil de demarcar, en textos antiguos, los escritores tienden a describir en lujo de detalle, la escena, el lugar o la situación de lo que esta en camino a ser la trama o el punto de la historia. Es importante para críticos o amantes literarios, pero no para las personas que tienen una agenda y tiempo limitado para terminar el texto.

Por ejemplo, leamos un extracto de Las aventuras de Oliver Twist de Dickens:

*Era una **mañana gris** una vez que ellos llegaron a la calle; ventiscas aparte de intensa lluvia; el cielo se notaba **nublado y tormentoso**. La noche ha sido pasada por agua: **grandes charcos de lluvia** han poblado la calle: las casas de los perros estaban inundadas. Se notaba una pequeña luz del mañana en el cielo; pero de alguna forma agravo más **la escena triste**, en vez de hacerla mejor...*

Las primeras líneas de texto, en especial las que están de negrita, son mas que suficiente para darte una imagen muy clara de lo que se quiere comunicar, sin mucho detalle. Se comprendió el mensaje sin tener que leer todo el texto de manera puntual.

Todos estos trucos pueden llegar a ayudarte inmensamente en tu entrenamiento para dominar la habilidad de la lectura rápida. ¡Dales el chance, inténtalas y acomódate a la o las que te beneficien más!

Capítulo Cuatro: Aprende Lectura Rápida en una hora

Llegamos al punto focal, es momento de sentarte y practicar realmente lo que es la lectura rápida-una guía paso a paso, te va a ayudar en este viaje. ¡Sigue esta detallada lista y podrás captar el concepto en cuestión de una hora o tal vez menos!

- Crea el ambiente correcto

Así es, el ambiente donde estas, es muy importante, después de todo estamos aquí para aprender. Si el ambiente no es el correcto, no intentes forzar aprender algo, el proceso se va a afectar a la larga. Necesitas un fondo agradable-buena iluminación y callado-para la primera lección. Apaga el televisor y cualquier otro emisor de media visual o auditiva; aléjate de las personas a tu alrededor, busca un lugar aparte.

Reduce cualquier distracción; siempre tienes tu hogar, lejos de los tumultos de gente y los sonidos de la cuidad.

- Estés Alerta y Atento

Es difícil de creer que puedes aprender cuando te sientes apurado, desalineado o distraído. Es mejor empezar cuando tienes el momento para hacerlo, no cuando tengas ningún otro compromiso y sientas que tienes el tiempo para dedicarte a lo que tienes que aprender-justo como cualquier otro proceso de aprendizaje.

Si te sientes con cansancio por el trabajo, o sin energía, has otra cosa por el momento, aprender esta habilidad requiere de toda tu concentración. Si tienes planeado empezar, hazlo en un día libre, cuando estas en paz, en alerta, tal vez después de tu primera dosis de cafeína en la mañana y no tienes nada mas planeado para el día. Este es el momento preciso que puedes dar el chance de aprender esta habilidad.

- Elije el material cuidadosamente

En tu primera práctica, no es la mejor de las ideas comenzar con El inferno de Dante o con Anna Karenina. ¿Por qué mejor no empezamos con algo ligero-como un libro de la saga de Harry Potter, que tal una novela ligera o un drama corto? También puedes practicar el periódico o con una revista, si en tu opinión estos ejemplos anteriores cuentan como lectura ligera.

Para empezar, incluso puedes usar una lectura que te sea familiar, así garantizas entender completamente la lectura.

Empecemos de manera humilde, no tratamos de apuntar a la luna desde el primer día.

- Entiende lo que lo que estas leyendo

Cuando tienes una idea clara de lo que estas leyendo, comprender cualquier tipo de texto que sea de una naturaleza familiar a tu conocimiento, será simple. Algún libro que sea de su gusto o comprensión. Si es esto no es posible, intenta al menos tener una idea clara del contenido del material antes de empezar- ¿son noticias internacionales o estudios económicos? ¿Es una novela de romance lo que vas a leer o es de ciencia ficción? ¿Es una revista de celebridades o una con recetas o métodos de mantenimiento floral?

Tener una idea clara del contenido de tu material y el tono de este, te dará una noción de que es lo que se está tratando comunicar, cuando estas filtrando o escaneando o la técnica que sea que utilices. Sino estarás esperando la escena romántica y te confundirás cuando no entiendes porque no pasa de una sola vez y te das cuenta de que el libro es un futuro distante, en un mundo robots de pura ciencia ficción.

- Familiarízate con el contenido

Ahora es tiempo de comenzar la lectura. Toma tu pieza literaria y rápidamente, escanea el cuerpo del texto. Si es un libro, escanea su nombre, el subtítulo y el índice. Esto te dará una idea clara del contenido y te hará la tarea más simple de leer.

Tomemos como referente este libro. El título principal, "Lectura Rápida" esto te dice el concepto principal de la lectura. El subtitulo "Como leer 3-5 veces más rápido, en tan solo una hora y transformarte en un aprendiz efectivo" esto te dice que vas a leer sobre, lectura rápida y que lo vas a aprender de manera efectiva en una hora o menos.

El índice te aclara los títulos de cada sección del libro y da una idea general del contenido. Si estas con tiempo limitado, saltarte el primer capítulo, basados en una educada deducción y comenzar en el segundo o hasta el tercer capítulo, no hará ningún daño, siempre y cuando vuelvas a leer el material que omitiste.

¿Ves como si se podría salvar tu tiempo?

- Presta atención a las partes importantes

Las partes clave de cualquier capitulo en un libro, son la introducción, la conclusión, los títulos y subtítulos (si existe alguno). Cuando estas ejercitando lectura rápida y estas con poco tiempo en las manos, es buena idea filtrar o escanear estas partes clave.

La introducción va a darte una idea general del contenido del capitulo en cuestión y la conclusión te dará un punto final sobre el contenido. Los títulos del capítulo-como en este libro-te darán un poco de percepción del contenido de cada párrafo. Si con el título ya te puede dar una idea, de lo que la sección de texto va a explicar, simplemente puedes filtrar el contenido y no leerlo en su totalidad.

- Enfócate en los detalles si es necesario

Si por alguna razón, sientes que estas perdiendo el concepto del texto, por no leer el texto de manera puntal, puedes escanear los párrafos, busca palabras clave en ellos. Si estas familiarizado con el contenido del texto, te sabes el título y las palabras clave, tus ojos no se va a distraer y van a encontrar si se escaneo algo importante.

Escanear puede tomar tiempo, especialmente si el texto es extenso, así que, si no quieres arriesgar perder mas tiempo, siempre puedes leer las primeras dos oraciones del texto. Te podría sorprender de cuanta de la información vital de una idea, esta localizada en las primeras oraciones de un párrafo. En ocasiones leer el inicio y el final, puede darte toda la información que necesitas para entender el concepto de un texto en su totalidad, sin tener que leer todo el texto.

Intenta todas las técnicas, escanear, filtrar, etc. Simplemente es cuestión de tratar de sentir cual se ajusta a tu estilo de lectura.

- Continua incluso en duda

El en caso de que sientas que perdiste el mensaje principal de lo que lees, debido a que estas en medio de tu lectura rápida, no detengas. Si leyendo a un paso que te hacer sentir que estas perdiendo el control de tu propio entendimiento, sigue un poco más, créelo, el proceso es lento, tu lo dominaras con practica y tiempo. Tu cerebro se va a relajar después de exponerlo a este nuevo paso de absorción de información y esta incomodidad o falta de entendimiento debido a la velocidad, a la que la información esta siendo adquirida por nuestro cerebro desaparecerá.

Practica el mismo método, en todos los capítulos o todas las partes de la lectura, Roma no se construyó en día, perseverancia es la clave y esas incomodidades o falta de procesamiento debido a la velocidad, se irán.

- Calcula tu tiempo

Es importante saber como va tu progreso- incluso si esta es la primera vez que tratas de aumentar tu velocidad de lectura, para saber si estas a una buena velocidad o si necesitas ajustarla a un nivel mas alto. La idea de este libro es leerlo la primera vez en una hora y ver si entiendes el trato o la idea de estos métodos. Detente y piensa después de una hora, ¿cuántos capítulos terminaste o cuantas paginas?

Un experto puede llegar a leer 1000 palabras por minuto. ¿Estas cerca de este número? Tus respuestas, te dirán cuanto te hace falta y cuanta práctica.

La habilidad de la lectura rápida es meramente práctica, así que si no estas cerca de la marca, que esto no te desaliente. Sigue intentando, eventualmente este libro lo podrás leer en menos de una hora, así como cualquier otro material de contenido simple o medianamente complejo.

¿Qué tal suena eso?

Información adicional

Si con toda esta información, aun sientes que necesitas mas ayuda en cómo desarrollar tus técnicas de lectura rápida, te dejare esta lista de programas ambos pagados y gratuitos, que te pueden ser de gran ayuda.

1. **Spreeder (http://www.spreeder.com/)**

2. **Zapreader (http://www.zapreader.com/)**
3. Readfast (http://www.readfa.st/)
4. Sprintz (http://www.spritzinc.com/)
5. **Rocket Reader (http://www.rocketreader.com/)**
6. **7 Speed Reading (http://www.7speedreading.com/)**
7. Read Speeder (http://www.readspeeder.com/)

Estas son aplicaciones para tus aparatos celulares

1. **QuickReader**
2. **Read Quick**
3. Acceleread

*Estas aplicaciones o sitios web están en ingles de manera nativa y puede que no estén disponibles al español.

Conclusión

¡Gracias por haber adquirido este libro!

Espero que el contenido de el te ayude a aumentar tu velocidad de lectura, que logres maximizar tu tiempo y la compresión de cualquier material didáctico que leas de aquí en adelante, sea rápida y eficaz.

Lo que sigue es seguir los métodos y consejos para leer este libro en menos de una hora.

¡Gracias de nuevo y te deseo la mejor suerte!

Parte 2

Capítulo 1: ¿Qué es lectura rápida y por qué necesitas aprender a hacerlo?

¡Bienvenido a esta guía de lectura rápida! Dentro de una hora habrás descubierto qué es la lectura rápida, porqué es una habilidad tan útil de aprender y cómo puedes desarrollar esta habilidad. Este libro contiene pasos fáciles de seguir y trucos que pronto te permitirán absorber con facilidad cualquier cosa que leas. Aprenderás los malos hábitos que te evitan alcanzar tu potencial de lectura y descubrirás formas simples pero efectivas de incrementar el número de palabras que eres capaz de leer y mantener por minuto.

¿Qué es lectura rápida?

Como el nombre lo sugiere, la lectura rápida es leer textos a un paso significativamente más rápido que una persona promedio; sin embargo, es importante enfatizar que la lectura rápida no es simplemente ser capaz de mover tus ojos a través de una página de forma rápida. Los buenos lectores rápidos que realmente han dominado esta habilidad también son capaces de retener la información que leen. Las personas promedio leen aproximadamente 200 a 300 palabras por minuto (PPM); no obstante, los lectores rápidos leen entre 500 a 600 PPM o más. Una pequeña porción de la población de lectores rápidos es incluso capaz de leer más de 1,000 palabras por minuto y los lectores competitivos pueden leer ¡aún más rápido!

La mayoría de nosotros aprende a leer a una edad temprana y es una habilidad que damos por hecha. Puede que no se te haya ocurrido anteriormente que mejorar tu técnica de lectura es algo en lo que vale la pena que uses tu tiempo, pero para el momento en que hayas terminado de leer este capítulo entenderás exactamente esta habilidad de leer rápido te confiere enormes ventajas.

¿Cuáles son los beneficios de la lectura rápida?

Cuando puedas leer y retener información escrita a un ritmo ligero, rápidamente podrás hacer avances en varias áreas de tu vida; cualquiera que sea tu ocupación, tu inmediatamente empezarás a ahorrarte una considerable cantidad de tiempo. Solo imagina ser capaz de leer el periódico o tu blog favorito en minutos en vez de una hora.

Esto tiene considerables efectos en cadena. Si puedes leer y retener una significativa cantidad de información en el transcurso de un día, semana o mes, ganarás ciertas ventajas sobre tus iguales. Si actualmente estas buscando conocer nuevas personas o incluso una cita, debes saber que leer rápido significa que fácilmente serás capaz de estar al día con los asuntos mundiales y los últimos trabajos literarios, lo que a su vez te hacer parecer más inteligente y deseable. Si eres un empleado en la industria competitiva, imagina cuán impresionado estará tu jefe cuando pareces mantenerte al día con las últimas noticias y chismes de la industria ¡sin mostrar esfuerzo alguno! También serás capaz de hablar de las últimas novelas de las que todos están hablando, aún si tienes un horario ocupado.

La lectura rápida también es un buen estimulo de confianza. Imagina que increíble se sentiría saber que puedes terminar cualquier libro o artículo que desees. Este es especialmente un sentimiento maravilloso para aquellos que luchan con las lecturas de la escuela y sufren los bajos niveles de confianza académica. Si actualmente eres un lector lento, ten por seguro que no eres un estúpido, simplemente debes ajustar tu enfoque, con tiempo y paciencia también podrás unirte a la elite de lectura.

Preguntas comunes sobre la lectura rápida

Antes de que aprendas a leer rápido, seguramente tienes un par de preguntas que te gustaría fueran respondidas. Abajo encontrarás algunas de las consultas más comunes sobre este tema:

¿La lectura rápida es solo para personas inteligentes?

¡Para nada! Cualquiera que sepa leer y desee aprender a leer rápido es capaz de hacerlo. La lectura rápida no es una habilidad con la que nacen las personas.

Recuerda que todas las personas que han ido a la escuela tuvieron que aprender a leer, no venimos al mundo con un nivel fijo de habilidad lectora, depende de ti tomar un enfoque proactivo para mejorar tu habilidad en esta área.

¿Pueden las personas con dificultades de aprendizaje o desordenes de lectura aprender a leer rápido?

Sí. Incluso si eres disléxico o has sido diagnosticado con otra dificultad de aprendizaje, el principio es el mismo, cualquiera que haya aprendido a leer es capaz de impulsar su habilidad en esta área.

¿Cuánto tiempo tomará aprender a leer rápido?

Puedes esperar a mejorar tus habilidades lectoras después de practicar los ejercicios en este libro en solo pocas ocasiones; sin embargo, es imposible proveer una línea de tiempo exacta, algunas personas descubren que luego de solo un par de semanas de practica pueden leer a velocidades arriba de 500 a 600 PPM, otros necesitan un poco más de tiempo.

No hay que avergonzarse por tomarse su tiempo en aprender esta nueva habilidad.

¿Es la lectura rápida conveniente para niños y adolescentes?

Sí, cualquiera que sepa leer puede aprender a leer más rápido, esto incluye a niños y adolescentes; de hecho, la niñez o adolescencia podría ser el mejor momento para aprender a leer rápido, como hábito es probable que se quede de por vida.

¿Necesito un equipo especial para aprender a leer rápido?

El único equipo que necesita seguir es el siguiente: este libro, un bolígrafo, un pedazo de papel doblado o una tarjeta, un cuaderno, un minutero o reloj, y material variado de lectura que puedes encontrar en el curso de tu vida cotidiana –novelas, catálogos, periódicos y así- todos los materiales son buena práctica.

¿Necesito entrenamiento especial para aprender a leer rápido?

No, este libro además del tiempo de práctica de los ejercicios que contiene te proveerán todo lo que necesitas saber. Hay muchos cursos a los que puedes asistir, pero eso no será necesario si dedicas el tiempo necesario y la atención del material en este libro.

¿Cómo puedes aprender a leer rápido?

Por ahora, tienes que estar convencido que aprender a leer rápido es un valioso uso de tu tiempo y esfuerzo. Te podrás preguntar cómo puedes aprender esta valiosa habilidad, es ahí cuando este libro aparece. En las siguientes páginas conocerás las técnicas claves y consejos que necesitas para leer más eficientemente. Descubrirás los seis malos hábitos de lectura que mantienen tus PPM en el promedio y aprenderás exactamente cómo superar cada uno de ellos.

Ejercicio: Empieza con tu base de PPM

Antes que pases la página y empieces a aprender cómo convertirte verdaderamente en un increíble lector, es útil saber tu actual velocidad de lectura, después de todo, si vas a establecer metas significativas tienes que conocer tu punto de partida. Encuentra un cronometro o reloj y lee las siguientes 200 palabras en el párrafo a tu velocidad de lectura regular.

Párrafo 1 – Varios factores que contribuyen al estrés

Estrés junto con otros problemas psicológicos relacionados, es un problema común en nuestro mundo moderno. De hecho, la Organización Mundial de Salud estima que los problemas de salud mental como el estrés, depresión y ansiedad, mundialmente son la causa principal de discapacidad. Cada año millones de días de enfermedad se pierden por estas condiciones, pues pueden causar tremendas cantidades de sufrimiento.

¿Qué causa que las personas se estresen en primer lugar? Hay dos importantes factores a considerar: características innatas, la personalidad, y activadores ambientales. Es decir, la forma en que cada individuo experimenta el estrés es una combinación de naturaleza y educación.

Investigaciones demuestran que la personalidad es moderadamente heredable. Es decir, la diferencia entre la personalidad de dos personas puede explicarsesignificativamente por la variación genética. Pero, alguien que está constantemente estresado y vulnerable a problemas, como la ansiedad, es más probable que aquellos que están habitualmente calmados al tener padres estresados y ansiosos.

No obstante, la biología no está destinada y el ambiente en el que una persona se encuentra también ejerce un efecto significativo en sus niveles de estrés. Por ejemplo, la falta de seguridad en el empleo es una fuente significativa de preocupación para cualquier persona.

Anota cuánto te tomo leer el párrafo y usa esta información para averiguar tu línea base de lectura rápida. Recuerda que 200 a 300 PPM es considerado el promedio. Es enteramente razonable, asumiendo que estas esperando poner tu esfuerzo y la practica requerida para alcanzar una meta de 500 a 600 PPM en pocas semanas. Si lees esta guía cuidadosamente e implementas los consejos ¡también puedes unirte a la lista de lectores rápidos! Pasa al siguiente capítulo para descubrir los malos hábitos que necesitas superar si quieres aprender el arte de lectura rápida.

Capítulo 2: Un acercamiento al aprendizaje del arte de lectura rápida – 3 simples pasos

Hay muchos libros y cursos escritos sobre lectura rápida, pero para aprender cómo sobresalir en la lectura rápida mientras se retiene la información tienes que reducirte a tres simples pasos. Este breve capítulo te proveerá una vista general de los puntos a venir, también te ayudará a desarrollar la mentalidad correcta para aprender la lectura rápida.

Los tres pasos que seguiremos en este libro son:

Paso 1: Identificar y corregir los malos hábitos de lectura que te detienen.

No tiene sentido simplemente agregar comportamientos positivos o técnicas si persistes en mantener tus malos hábitos. Una de las cosas más importantes que debes darte cuenta al tratarse de la psicología del comportamiento habitual es que mucho de eso ¡está más allá de nuestro control consciente! Esto significa que puedes haber estado leyendo de la

misma manera por años, desde tus días en la escuela, sin entender por qué has llegado a una meseta cuando se trata de la lectura rápida. Esta guía te ayudará a identificar y corregir los siguientes errores:
Retroceso

Visión periférica limitada

Sub-vocalización

Vocabulario limitado

Falta de concentración

Falta de propósito

Cuando entiendas cómo cada uno te impide de alcanzar tu meta de convertirte en un lector rápido, puedes tomar los pasos para superarlos ¡rápidamente!

Paso 2: Aprendiendo nuevos consejos y técnicas para mejorar tus habilidades lectoras.

Una vez que hayas aprendido los seis errores de lectura más comunes y cómo pueden ser rectificados usando técnicas prácticas, adicionalmente aprenderás consejos y trucos que te impulsarán al reino de los súper lectores. Aprenderás:

Cómo distinguir los temas más importantes en un artículo

Cómo retener más significados

Cómo mejorar tus habilidades de imaginación y visualización

Cómo revisar tu entendimiento de lo que has leído

Cómo anticipar lo siguiente que leerás

Cómo escribir puede ayudarte a ser mejor lector

Paso 3: Práctica e implementa lo que has aprendido.

El paso final es poner en práctica todo lo que has aprendido. Este capítulo te motivará a mejorar tu velocidad lectora en tu vida diaria, así como te proveerá algunos ejercicios adicionales que te ayudarán a solidificar tus nuevos conocimientos y habilidades bases. También servirá como un recordatorio suave de que la lectura rápida no es apropiada para todas las situaciones y te dirá exactamente cuándo necesitas reducir el paso. Igualmente serás capaz de intentar otros ejercicios que te ayudarán simplemente a ver ¡cuánto has desarrollado tus habilidades!

Sentando las bases – Preparación mental y pensamientos positivos.

Aprender cómo leer rápido no es únicamente sobre deshacerse de malos hábitos y reemplazándolos con un enfoque nuevo y superior. Si eres serio para tener éxito, debes asegurarte que te tomas a ti mismo seriamente, si conservas creencias negativas sobre ti, tu intelecto, tu habilidad al cambio o la utilidad de la lectura rápida en general, solo podrás ver éxito limitado. El ejercicio a continuación te preparara para tener éxito al superar percepciones auto limitadas y patrones de pensamientos negativos.

Ejercicio: Dale un vistazo a tus juicios

negativos.
Toma una hoja de papel y lapicero. Anota cualquier creencia que tengas de ti mismo, sobre leer y el aprendizaje en general. Ahora mira críticamente lo que acabas de escribir ¿hay alguna evidencia para estas suposiciones? ¿son objetivamente ciertas? Muy a menudo internalizamos creencias negativas (ejemplo: "soy torpe", "no puedo aprender cosas nuevas", etc.) como resultado de las experiencias de nuestra niñez como el *bullying* a mano de nuestros iguales o frecuentes observaciones negativas de nuestros padres. Recuérdate a ti mismo que, como adulto, puedes elegir embarcarte en la misión de aprender nuevas habilidades –lectura rápida- que motivará grandemente tus prospectos en cada área de tu vida, también puedes elegir pensar diferente. Para finalizar este ejercicio, toma tu lapicero de nuevo y dibuja una línea grande y gruesa en cada uno de tus pensamientos negativos.

Ahora que estas en el lugar correcto de tu mente para enfocarte en la lectura desde un nuevo ángulo, pasa al siguiente capítulo en el cual aprenderás qué hábitos debes dejar si quieres convertirte en un lector sobresaliente.

Capítulo 3: Identificando y corrigiendo los malos hábitos de lecturas que te detienen

Podrá parecer una tarea intimidadora al principio, pero los siguientes seis hábitos necesitan ser superados si quieres alcanzar todo tu potencial. No te preocupes si te das cuenta que posees más de uno de estos patrones ¡muchas personas hacen los seis! Recuerda que puedes enseñarte a leer de una forma nueva.

Mal hábito 1: Retroceso

"Retroceder" es ir de regreso, cuando retrocedes mientras lees tus ojos regresan sobre el texto que ya has leído. Esta tendencia es fácil de identificar una vez que te escudriñes cuidadosamente. Lee el siguiente párrafo, mientras lo haces, pon atención al movimiento de tus ojos ¿los mueves lentamente sobre la página o retrocedes?

Párrafo 2 – Propiedades del bálsamo labial
La piel en los labios es muy sensible y a temperaturas extremas puede ponerse seca, herida y agrietada. El bálsamo labial, comúnmente vendido en farmacias y

tiendas de belleza, funciona para aliviar este problema dando humedad a la piel. Mientras que el bálsamo labial generalmente es sencillo y sin aroma, es posible comprar productos que incluyen esencia, color o propiedades nutritivas extras como la Vitamina E. El bálsamo labial se vende en pequeñas latas o tubos y es popular en ambos sexos.

Ocasionalmente puedes encontrar una nueva palabra o frase mientras lees, o encontrarte un nuevo concepto lo suficientemente difícil que debes re-leer esa parte con el fin de comprenderlo por completo, esto es perfectamente normal. Sin embargo, muchos lectores lentos tienen el hábito de leer y luego re-leer el texto de nuevo, aun cuando el vocabulario usado es sencillo y el tema es fácil de entender. Cuando te saltas de regreso a un texto tu velocidad de lectura se reduce innecesariamente.

Ejercicio: Usa un apuntador o guía.

Para superar tu hábito de retroceder mientras lees, debes entrenar tus ojos para que siga la dirección del texto, aquí es donde entra un apuntador o guía, algunas personas descubren que simplemente usando su dedo índice es la mejor solución. Encuentra un libro o artículo y pon el temporizador por un minuto, tu tarea es mover tu dedo bajo las palabras mientras las lees, haz tu ritmo lo más rápido posible; ahora has lo mismo con un lápiz ¿qué funciona mejor para ti? No adivines, lleva el tiempo de cuántas palabras puedes leer por minuto cuando no usas apuntador, después usando tu dedo y luego usando un lápiz.

Aunque puedas sentir que recorrer el texto con el dedo o un lápiz es infantil de alguna manera o que se mira ridículo, ¡el hecho es que funciona! Puede sentirse extraño o incomodo al inicio, pero pronto te acostumbrarás.

Ejercicio: Usa un "bloqueador" para asegurarte de no poder leer el mismo texto dos veces.

Una forma directa e inmediata para prevenir que tus ojos retrocedan sobre el texto es usar un bloqueador. Toma una tarjeta o un pedazo de papel y ponlo hacia debajo de la página mientras lees. Esto forzará a tus ojos a seguir las líneas y bajar en la página ¡en la dirección correcta! Similar a usar un apuntador, puede parecerte raro o torpe al inicio, pero persiste.

No tendrás que usar un apuntador o bloqueador por siempre, míralo como una guía de entrenamiento que te ayudará a hacerte del hábito de continuar bajando por la página. Usa libros o artículos sin imágenes para este ejercicio, ya que hace que sea más sencillo simplemente moverse por el texto línea por línea.

Mal hábito 2: Leyendo una palabra a la vez.

Es fácil saber por qué muchos de nosotros leemos una palabra, luego otra palabra, luego otra… y subsecuentemente toma un largo tiempo terminar una novela. Ponlo simple, así es como primero nos enseñan a leer en la escuela, esto no es necesariamente algo malo, los niños necesitan aprender cómo reconocer y pronunciar varias palabras, por eso es que los libros dirigidos a este grupo tienen pocas palabras y están comprendidos principalmente de oraciones cortas.

Sin embargo, si continúas leyendo así en tu adolescencia o adultez, te estás haciendo un daño, si puedes empezar a leer múltiples palabras a la vez, tu velocidad de lectura incrementará rápidamente. Para ayudarte a entrenar a tus ojos a fijarse en varias en vez de en una sola palabra a la vez, usaremos una versión adaptada del apuntador del ejercicio anterior.

Ejercicio: Reto del apuntador adaptado

Cuando usaste tu apuntador, en el ejercicio anterior, probablemente mientras leías lo movías debajo de cada palabra individualmente; esta vez, vas a repetir el ejercicio, pero has un esfuerzo esta vez por posicionar tu apuntador bajo cada tres o cuatro palabras. Tu reto es ver a las palabras no como entidades individuales sino como grupos con significado.

Si has mantenido el estilo de lectura de "palabra por palabra" desde tus días de escuela, esto será muy peculiar. Sentirás como si literalmente debes expandir tu visión periférica, de modo que tu posición de lectura por defecto se convierta al ya no ver una palabra a la vez, sino que a grupos de palabras. Sin embargo, recuerda que usas tu visión periférica todo el tiempo y ¡es una gran habilidad natural que puedes usar en este contexto! Por ejemplo, usas tu visión periférica todo el tiempo cuando manejas, revisando que no vengan vehículos por la esquina o que un peatón esta por pisar el pavimento de la calle. Aprende a aplicar este principio mientras lees. Mientras puedes tener una palabra en tu campo de visión central, puedes mirar y captar el significado de varias palabras que la rodean.

Ejercicio: Entrenando tu visión periférica.
Cuando haces un esfuerzo por ver a las palabras como grupos o trozos en vez de artículos individuales en necesidad de interpretación, tu velocidad de lectura incrementará dramáticamente.

Trata de usar los siguientes diagramas para entrenar tu visión periférica. En cada caso, mantén tu foco central en el signo de admiración mientras percibes y lees las letras o palabras cortas a su alrededor.

B   J   E
Q   !   X
F   S   O

BO JX EB
IQ ! AX
FY SI KO

HOY VEN TRAE
IRSE ! PUES
MÁS TEN SAL

Ejercicio: Relaja tus músculos faciales.
Otra forma útil de ampliar tu "visión de lectura" es el entrenar tus músculos para mantenerte relajado mientras lees. Cuando frunces el ceño o tienes una expresión facial rígida, esto aprieta los músculos alrededor de los ojos, por lo tanto, hace que sea más probable que te mantengas concentrado en una o dos palabras a la vez. En contraste, al leer con una mirada suave y relajada permitirá que

tu visión se expanda literalmente y tome varias palabras a la vez. El siguiente ejercicio es una excelente forma de relajar tus músculos faciales antes de una sesión de lectura.

Siéntate recto en tu silla y mira de frente. Frunce el ceño lo más que puedas y cuenta hasta cinco, luego libera los músculos. Siente como la tensión se aleja a medida que recuperas una expresión neutral. Ahora respira profundamente y arruga cada músculo de tu cara lo más que sea posible; de nuevo, mantén esa posición por la cuenta de cinco; relaja tus rasgos. Repite este ejercicio de 2 a 3 veces antes de empezar a leer. Si te encuentras luchando contigo para leer más de una o dos palabras a la vez, verás cómo repetir el ejercicio anterior te ayudará a liberar cualquier tensión que puedas sentir. A veces, leer por sí mismo puede ser una fuente de tensión, especialmente para aquellos que tuvieron dificultades al aprender a leer en la escuela, pero practicando e implementando las ideas contenidas en este libro, la lectura se hará menos un trabajo y más un placer.

Mal hábito 3: Sub-vocalización
¿Alguna vez te has encontrado diciendo las palabras mientras las lees, ya sea en tu cabeza o en voz alta? Si lo has hecho, esto no es una elección consciente, más bien, es usualmente una costumbre de nuestras lecciones de escuela. Cuando de niños nos enseñan a leer, pasan mucho tiempo leyendo en voz alta a los maestros y padres; por lo tanto, especialmente si el niño no lee mucho cuando está solo, su experiencia de lectura por defecto es "pronunciar las palabras". Cuando nos convertimos en adolescentes o adultos podemos mantener este hábito. Aún si no pronuncias cada palabra en voz alta, puedes estar moviendo tus labios o pronunciando el texto en tu cabeza.

Ejercicio: Observación atenta
Toma un libro o artículo y léelo por unos minutos, mientras lo haces, pon atención a la sensación en tu cuerpo ¿se mueven los músculos de tu garganta, cuello o boca? ¿estas inconscientemente articulando la

forma de las palabras? ¿estás leyendo en voz alta en los confines de tu cabeza? También puedes pedirle a un amigo que te observe discretamente por un rato, será capaz de decirte si estas realizando una sub-vocalización.

La sub-vocalización hace dramáticamente más lenta tu lectura porque te mantiene en la posición de procesar una palabra a la vez. Afortunadamente, este hábito se corregirá a sí mismo de forma natural si aprendes a leer más de una palabra a la vez, usando los ejercicios detallados en este capítulo. Por ejemplo, si empiezas a ver las palabras en grupos de tres o cuatro, literalmente serás incapaz de pronunciarlas verbalmente en tu cabeza.

Hay un par de trucos que también puedes implementar. Uno es de hacer un sonido mientras lees, esto hará casi imposible que sub-vocalices, al hacer trabajar tu memoria auditiva la mantienes ocupada. Otro consejo valioso es masticar goma de mascar mientras lees, esto evitará que pronuncies palabras silenciosamente porque tus músculos ya estarán ocupados.

Has que tu intención sea imaginar el significado de lo que se está diciendo o describiendo en un texto y será menos probable que sub-vocalices. Los lectores avanzados se mantienen enfocados en el significado más amplio y no en cada palabra por individual. Has este cambio en la forma en que lees y será menos probable que te enredes en la necesidad de procesar cada palabra.

Mal hábito 4: Vocabulario limitado

Un vocabulario amplio es una de las herramientas más efectivas que puedes tener a tu disposición cuando estas aprendiendo a incrementar tu velocidad de lectura. Si tu conocimiento de palabras ha avanzado poco desde que entraste a la adolescencia, no te sorprendas si tu lectura es lenta. Cuando conscientemente eres desconcertado por palabras no conocidas, pierdes tiempo valioso de lectura por dos razones.

La primera razón es obvia, si no conoces una palabra y es importante que entiendas el texto en donde la has encontrado, tendrás que gastar un par de minutos en buscar su significado. La segunda razón es quizás menos aparente, si tienes un amplio vocabulario puedes buscar por pistas contextuales cuando te topas con palabras que no entiendes muy bien. Si la mayoría de palabras en un fragmento de texto son familiares, una frase no va a derrumbar tu paso, probablemente serás capaz de comprender su significado porque tienes un excelente entendimiento del texto en general.

La mejor forma de incrementar tu vocabulario es leyendo. Al hacerlo, te encontrarás con nuevas ideas, palabras y conceptos que, a su vez, hará que la lectura de diferentes tipos de materiales sea fácil y natural. Trata de diversificar tu lectura, si por lo general solo lees revistas, prueba con una novela; si normalmente vas por ciencia ficción, trata con un libro de cuidado de plantas. Al expandir tu rango no solo crece tu vocabulario, sino que en general, tu conocimiento mejorará bastamente.

Ejercicio: Empieza a mejorar tu vocabulario ahora

Junto con la lectura, también puedes hacer uso de juegos en línea y softwares que han sido diseñados para ayudar a aumentar tu vocabulario.

En cuanto tu vocabulario se expande, tú también. Ve por artículos, libros y publicaciones que previamente hayas considerado por "sobre ti" o "muy difíciles". ¡Ten un poco de confianza en ti mismo! Lo peor que puede suceder es que tengas que detener tu lectura y consultar un diccionario. Si es así ¡al menos habrás aprendido una o dos palabras nuevas!

Mal hábito 5: Falta de concentración

Los lectores rápidos no toman descansos frecuentemente mientras leen y no dejan que sus mentes deambulen. En resumen, ellos mantienen sus niveles de concentración. Si te consideras a ti mismo un lector lento, puedes sentir que mantener tu mente en la página frente a ti es una tarea imposible. Puede que tengas muchas prioridades en competencia o nunca has condicionado tu mente para que se enfoque en una cosa a la vez. En nuestra sociedad estamos constantemente presionados a ser multi-tareas, a costa de nuestra productividad y bienestar. Los humanos hacen mejor las cosas cuando pueden concentrarse en un solo proceso a la vez y esto incluye la lectura. Los siguientes dos ejercicios te ayudarán a prolongar tu lapso de atención y crear un ambiente que te conduzca a mantener tus niveles de concentración constantes.

Ejercicio: Mejorando tu lapso de atención

Podrás haber escuchado el término "conciencia plena" usado en círculos de auto ayuda o de desarrollo personal. En los últimos 20 años, investigadores de psicología han llegado a la conclusión que cuando somos capaces de mantenernos en el presente y relajados, es cuando podemos ser felices, más productivos y más aptos para concentrarnos. Este ejercicio te ayudará a enfocarte en el aquí y ahora. Practícalo regularmente por unos minutos cada día y ¡mira como tu capacidad de poner atención aumenta!

Siéntate o acuéstate en un lugar confortable. Asegúrate de que tu teléfono este en silencio y que no serás interrumpido. Pon el temporizador por 5 minutos. Ahora, simplemente percibe. No trates de dejar de pensar o limpiar tu mente de todos sus pensamientos, tu objetivo es solo percibir. Pon atención a la información que recibes por tus sentidos ¿qué puedes ver? ¿qué puedes escuchar? ¿qué puedes tocar o sentir? ¿qué puedes oler? ¿puedes sentir algo en el aire? Si tu mente divaga, reconozca que lo ha hecho antes de traerla de nuevo al presente. Una vez que puedas hacer esto por unos minutos cada día, extiende el tiempo que dedicas a este ejercicio. Esta simple practica tiene un enorme poder para mejorar tu concentración y aumentar tu relajación.

Ejercicio: Técnica de incremento gradual

La mejor forma de entrenarte para poder concentrarte por periodos de tiempo más largo es ¡simplemente practicar! Empieza por leer por cinco minutos e incrementa un minuto cada día hasta que seas capaz de leer por media hora sin romper tu concentración. Si especialmente eres una persona ocupada, puede que hayas perdido contacto con el arte de poner atención a una cosa a la vez, por suerte, el cerebro es un órgano altamente plástico y puede volver a aprender habilidades de concentración.

Ejercicio: Establece tu espacio de lectura ideal

Puedes darte una ventaja para empezar con la concentración al asegurarte que tu ambiente de lectura esta conducido a mantenerte enfocado. Asegúrate de que la habitación no sea ni muy caliente ni muy fría. Apaga tu teléfono y televisión. Si vives con otras personas, espera hasta que salgan o pídeles que te concedan un periodo de paz y quietud en el cual no seas molestado. Asegúrate de que haya suficiente luz en la habitación para que no tengas que entrecerrar los ojos con el riesgo de desarrollar tensión ocular. La luz natural es ideal, así que trata de sentarte cerca de una ventana.

Si tienes problemas sentándote, trata leer parado. Puede que sea poco ortodoxo, pero puede ser una buena idea para aquellos que luchan por mantener sus lapsos de atención enfocados en una dirección. Cuando te acostumbres a leer parado, puedes alternarlo con periodos de tiempo quedándote sentado.

Si eres serio con desarrollar tus habilidades de lectura rápida o necesitas leer de una forma regular, trata y crea un espacio diseñado para la lectura en tu casa. Un cuarto de cajas o una oficina es lo idea, pero una silla cómoda en una esquina de tu habitación favorita servirá igual de bien. Manteniendo un lugar específico para tus propósitos de lectura motivará a tu cerebro a formar una conexión entre ese lugar en particular y tus prácticas de lectura rápida. Con el tiempo, tu habilidad de concentrarte aumentará automáticamente cada vez que entres a esa habitación o te sientes en la silla.

Un consejo final para mejorar tu concentración es evitar caer en la tentación de leer directamente por varias horas en un solo momento. La mayoría de las personas no pueden concentrarse en más de un tema o tarea por más de 30 a 40 minutos. Pon el temporizador por media hora y una vez que llegue date un descanso de cinco minutos. Si has estado sentado, levántate y estírate, muévete, exponte a la luz natural si es posible, esto tiene un efecto natural de "despertar". Evita los excesos de azúcar y cafeína, eso resulta en solo un aumento a corto plazo de concentración que terminará en un choque dentro de una hora.

Mal hábito 6: Falta de propósito.
¿Cuántas veces te has preguntado, antes de comenzar a leer un artículo o libro, cuál es tu meta? Puede que parezca una pregunta extraña para hacerse y si simplemente estás leyendo ficción por placer, la respuesta es demasiado obvia. Sin embargo, mucha de las lecturas que haces, especialmente si es en contextos no profesionales, será basada en hechos. Así que, asumiendo que estás leyendo no-ficción por otras razones, que no es por puro placer ¿cuál es tu objetivo de lectura? Si quieres ser un lector exitoso,

debes desarrollar el hábito de leer rápido con un propósito particular en mente.

¿Por qué debemos tener un objetivo final en mente cuando leemos rápido? Porque al hacerlo te motivarás a seguir y te ayudará a tomar los puntos más importantes en un libro, artículo o en una página. Recuerda que las piezas más importantes de información se encuentran usualmente en la primera y última oración en un párrafo.

Ejercicio: Recogiendo lo que es relevante

Elige un capítulo de un libro de no ficción o de un artículo largo de una revista de alta calidad. Antes de leerlo, hazte las siguientes preguntas:

¿Qué espero aprender al leer esto?

¿Cuáles son las palabras claves y términos que espero encontrarme?

¿Cómo sabré si este ha sido un capítulo/artículo útil para que lo lea?

Al hacerte preguntas como esta te ayudará a convertirte de un lector pasivo a uno activo. Un lector pasivo simplemente pasa sus ojos sobre la página, absorbe la información de modo casual y no se compromete con el tema en un nivel profundo. Un lector activo va con una agenda y no queda satisfecho hasta que haya averiguado si sus preguntas han sido respondidas.

Has eliminado tus malos hábitos ¿qué sigue?

El primer paso en tu camino de la lectura rápida era identificar y eliminar tus malos hábitos. Si has seguido los ejercicios en esta sección y te has comprometido a practicarlos todos los días, verás una mejora radical en tu velocidad de lectura en un par de semanas. No olvides probarte y medirte el tiempo de forma regular para que puedas saber si estás haciendo un progreso en aprender a leer más rápido.

Ahora puedes moverte a la siguiente parte, recogiendo nuevos trucos, técnicas y estrategias que realmente moverán tu lectura al siguiente nivel.

Capítulo 4: Aprende nuevos consejos y técnicas para mejorar tu habilidad lectora

En esta sección aprenderá no solo a impulsar su velocidad de lectura aún más, sino también a cómo retener más información de lo que ha leído. Recuerde que la lectura rápida no solo es la medición de PPM, sino sobre su ritmo de comprensión, es decir qué tanto puede recordar de lo que ha leído. Esto es especialmente importante si eres un estudiante tratando de aprender a leer más rápido con el fin de mejorar tus notas. No hay razón para ser capaz de pasar por un texto rápido si no puedes recordar los hechos claves que necesitas para pasar el examen.

Las siguientes estrategias te ayudará a entender la información importante en menos tiempo. Úselas constantemente como una base y liberará minutos e incluso horas al día ya sea en casa, en el trabajo o en la escuela.

Estrategia 1: Cómo elegir los temas más importantes en un libro o artículo

A la mayoría de nosotros se les enseñó que para leer un texto había que hacerlo desde el inicio, pasando por el medio, hasta llegar al final. Esto tiene sentido si estás leyendo una pieza de ficción, después de todo, si te saltas largos trozos de la historia, leer esa novela no será tan satisfactorio.

Sin embargo, si estás leyendo algo de no-ficción, está bien, incluso es sensato, economizar tus esfuerzos y entrenarte en concentrarte en los "puntos clave" en el texto. Primeramente, si estás leyendo un libro dale un vistazo al índice, muchos lectores raras veces le prestan atención a esta parte, pero si tu quieres ser un lector súper hábil, tienes que pasar un minuto o dos examinándolo. El índice te proveerá una vista general de los puntos cubiertos por el escritor. Nunca sientas que debes leer un libro completo a su totalidad, aún si de pequeño te enseñaron que era, de cierto modo, un crimen dejar un libro sin terminar, ¡ahora tienes permiso de solo tomar lo que necesites y dejar el resto!

Ten en cuenta que los escritores tratan de

hacer su trabajo atractivo, que capture la atención y lo más útil posible. Esto significa que quieren que los lectores se "enganche" con la oración o párrafo inicial, o el párrafo de inicio de un capítulo. En adición, los escritores usualmente ponen un gran énfasis en crear transiciones suaves de una sección a otra, por lo que la oración final de un párrafo o el párrafo final de un capítulo también es cuidadosamente elaborado y suele contener un resumen muy útil de los puntos cubiertos en la sección que le precede.

Al mismo tiempo, sé consciente de que mucha no-ficción contiene "extras" o "rellenos" que tu simplemente no necesitas leer si estas tratando de extraer solo la información más importante de un texto. Si lees una oración que introduce una historia personal, anécdota o chiste, siéntete libre de saltártelo. Estos agregados son incluidos para entretener al lector, no para impartir información nueva. Los diagramas también pueden desperdiciar minutos de lectura.

Usualmente, los escritores incluyen imágenes y luego explican su significado en gran detalle en el texto. Sin embargo, como dice el proverbio popular "una imagen vale más que mil palabras", puedes aprender más al ver el diagrama por unos segundos que al leerlo en varias oraciones. Solo preocúpate por leer el texto de explicación si un nivel o término usado en el diagrama es nuevo o confuso para ti.

Ejercicio 1: Artículo de un minuto

Elige un artículo largo –de al menos tres páginas- de una fuente de peso como una revista respetable o un periódico académico. Pon el temporizador por un minuto. Ahora, usando los consejos mencionados anteriormente, desafíate a recoger los hechos y puntos clave contenidos en el texto. Escríbelos. Ahora regresa al artículo y léelo de nuevo al estilo "normal" ¿Cuánta información pudiste recoger?

Estrategia 2: Cómo retener más información de lo que lees

Esta estrategia además de ser un medio

poderoso para que puedas recordar y disfrutar más de tus lecturas, te ayudará a librarte de un hábito de retroceso. Si absorbes lo que necesitas en la primera ronda, no tendrás que desperdiciar tu tiempo regresando a re-leer el mismo texto varias veces.

En el último capítulo descubriste el concepto de lector activo versus pasivo e hiciste un ejercicio en el que elaboraste unas preguntas claves antes de leer el texto. En esta parte miraremos más de cerca cómo poder comprometerse más con un artículo o libro y que como resultado podamos retener más información.

Un consejo útil es interactuar con el tema que nos importa a través de otro medio antes de abrir el libro o empezar a leer el artículo de peso. Si "calientas tu cerebro" de esta forma, encontrarás la lectura más fácil pues tu mente ya estará receptiva a los consejos y frases que pueda encontrarse. Esto significa que será más probable que recuerdes grandes partes del material. Por ejemplo, imagínate que quieres leer rápidamente un libro del rol de la genética en la personalidad, pero te desanimas por el aparente grosor del texto; pero al mirar videos cortos de alta calidad —como esos que publican los canales de las universidades- te proveerán una breve vista general del tema y te preparará para tu lectura.

Otra técnica es usar presión social imaginada o real. Imagina que alguien te presenta un artículo y te dice que tienes cinco minutos para leerlo y luego resumirle los puntos más significativos a una persona muy importante, a alguien que tu admiras mucho. ¿Eso no te motivará a leer lo más rápido que puedas?

Ejercicio: Presión social

Imagina que tu amigo llegará a tu casa en un par de minutos y que desesperadamente necesita entender los puntos importantes contenidos en un artículo o capítulo de un libro que estás leyendo. Juega contigo mismo ¿qué tan rápido puedes leer el material y aún ser capaz de resumir al final lo que has aprendido?

Estrategia 3: Cómo mejorar tu lectura al escribir

Podrás haber escuchado a escritores decir que una excelente forma de mejorar la escritura es leer regularmente. Esto parece ser cierto, los escritores más exitosos son ávidos lectores; sin embargo, también funciona de forma inversa ¡puedes ser un mejor lector al escribir! Escribe sobre cualquier cosa de forma regular y te ayudará a sentirte más cómodo con las palabras en general, ampliará tu vocabulario y mejorará tu gramática.

Ejercicio: Diario

Cada día de la siguiente semana dedica al menos 15 minutos para escribir en un diario. No necesitas crear entradas perfectamente escritas, pero trata de escribir dos o tres párrafos mínimos, estos pueden ser sobre los eventos de tu día, tus pensamientos internos o cualquier otra cosa de la que quieras escribir. Al finalizar la semana habrás renovado tu apreciación por la lectura y escritura.

Estrategia 4: Usa la impresión, asociación y luego repite

Tu cerebro no es solo un bulto pasivo de materia gris en tu cráneo, es un órgano dinámico que constantemente está procesando el material entrante en diferentes maneras. Cuando entiendas cómo reacciona tu cerebro a nuevos estímulos, podrás empezar a usar este conocimiento a tu beneficio cuando se trate de recordar y retener la información que lees.

Primeramente, utiliza el principio de la impresión. Probablemente ya sepas que las cosas que más recordamos son aquellas que causan una gran impresión en nosotros, esto va para personas, lugares y cosas. Lo que sea que estés leyendo, si deseas recordarlo, pon un poco de esfuerzo en crear imágenes mentales memorables. Por ejemplo, si lees un libro de genética, tomate un tiempo para pintar una imagen vivida en el ojo de tu mente que represente en detalles gráficos el movimiento del ADN y ARN y así sucesivamente en el núcleo de la célula.

Permítete impresionarte por lo que estás leyendo. Si eres forzado a leer algo que encuentras aburrido, usa tu imaginación y trata de hacerlo más excitante ¡la creatividad humana es ilimitada!

En segundo lugar, puedes emplear el principio de asociación. Tendemos a retener mejor la información que enlazamos con nuestro conocimiento previo o memorias. En términos psicológicos, metiendo nueva información en nuestros "esquemas" ya existentes, nos ayuda a recordar información. Por ejemplo, si lees un libro sobre técnicas de hablar en público, piensa en charlas previas que hayas dado y trata de cerciorarte si habías usado un método en particular anteriormente. Alternativamente, puedes pensar en grandes discursos que hayas visto o escuchado y has enlaces entre lo que lees en el texto y esas presentaciones.

Finalmente, no sobreestimes el poder de la repetición. La memoria humana responde bien a la repetición, entre más repitas o vuelvas sobre un material, es más probable que lo recuerdes. Una vez que termines de leer el texto, repítete a ti mismo las ideas clave, ya sea en voz alta o al apuntar notas en un papel.

Ejercicio: ¡Impresión, asociación repetición!

Encuentra un libro de no-ficción que no hayas leído anteriormente y selecciona dos capítulos. Lee el primer capítulo de la forma "normal" lo más rápido que puedas. Ahora lee el segundo capítulo, pero esta vez usa las técnicas enlistadas anteriormente. Compara tu recolección de los dos capítulos. Descubrirás que tomándote el tiempo para formular impresiones y asociaciones antes de repetirte el contenido a ti mismo un par de vez ayudará a incrementar tu retentiva.

Ejercicio: Mejora tus habilidades de visualización

Para ayudarte a crear impresiones fuertes mientras lees, necesitarás usar tu imaginación, pero ¿qué tal si no tienes la habilidad de crear imágenes mentales fuertes? No temas, con un poco de esfuerzo y practica podrás mejorar tus habilidades de visualización. Aquí un breve ejercicio para comenzar.

Siéntate en un lugar confortable y cierra tus ojos. Ahora imagina que tomas la ruta a un lugar que conoces bien, puede ser hacia tu lugar de trabajo, la casa de un amigo o una tienda loca. Tomate tu tiempo para visualizar ¿qué ves? ¿qué escuchas? ¿qué hueles? Tomate unos minutos para realmente imaginar como la escena se revela frente a ti. Trata de pasar al menos unos minutos cada día entrenando tus músculos de visualización.

Capítulo 5: Practica e implementa lo aprendido

Ahora que has aprendido a mejorar tu velocidad de lectura, es importante que pongas en práctica de forma regular lo que hemos visto en estos capítulos.

Lee absolutamente todo lo que puedas encontrar

Hazte el hábito de leer lo que sea que se te cruce por el camino. Dale un vistazo a la caja de cereal en el desayuno, lee las pequeñas impresiones en los anuncios en la calle y mira los folletos mientras esperas en la fila de la tienda. Justo como cualquier otra habilidad, entre más practiques la lectura rápida y otras técnicas de lectura, te volverás mejor.

Ejercicio: Búsqueda de tesoros

Has que tu misión de mañana sea leer al menos tres cosas que normalmente no te molestarías en ver. Si por lo general pasas de largo las revistas en la sala de descanso, dedica unos minutos a una de ellas y practica tus nuevas habilidades ¿o por qué no tomas uno de los catálogos gratis de una tienda que normalmente no visitarías? Mejor aún, si tienes el tiempo, prueba una novela de un género el cual desconoces por completo. La variedad no solo agregará un poco de interés a tu día, sino que, al leer un rango de diferentes materiales, expandirás tu vocabulario.

¡Has de la lectura rápida un evento social!
Si tienes amigos interesados en el desarrollo personal ¿por qué no les preguntas si estarían interesados en formar un grupo de lectura rápida? Hay muchas formas en la que puedes enfocar esto, una opción es simplemente acordar ciertas metas bases a la semana o al mes, por ejemplo, pueden definir cuántos artículos o libros quieren haber leído para una fecha en particular y responsabilizarse mutuamente. Otro enfoque que pueden darle es comenzar un club de lectura que demande más de sus lectores que un grupo normal, por ejemplo, todos pueden leer dos libros por semana en vez de la cuota estándar de estos clubs de un libro o dos al mes.

Establece tus metas

Ponerte de meta "leer rápido" es algo válido, pero no especifico. Las mejores metas son SMART – Selectivo, Medible, Alcanzable, Relevante y de Tiempo determinado. Con estos criterios, la meta de "aprender a leer más rápido" no es SMART; sin embargo, "Voy a leer dos novelas y tres artículos esta semana utilizando los métodos de lectura rápida señalados en este libro" es SMART. Es selectivo (sabes específicamente qué vas a hacer), medible (sabrás con seguridad si leíste o no esas novelas y artículos), alcanzable (asumiendo que tendrás el tiempo y la determinación para hacer realidad esa meta), relevante (será de ayuda para fomentar tus objetivos de aprender a ser un lector más veloz) y de tiempo determinado (porque estas usando un periodo de tiempo establecido, en este caso de una semana).

No olvides tomar tu velocidad de lectura en PPM de forma regular para que puedas darle seguimiento a tu progreso. Date un premio una vez que hayas duplicado (o incluso triplicado) tu record de PPM.

Asegúrate de darte un premio si te lo prometiste.

Experimenta con los tamaños de letra cuando leas en pantallas

Cada vez más leemos a través de pantallas en vez de materiales en papel. Esto ofrece una gran ventaja cuando se trata de enseñarte a leer más rápido. Experimenta usando diferentes estilos y tamaños de tipografías cuando uses una pantalla. Algunas personas encuentran que simplemente aumentando el tamaño del texto les ayuda a leer mucho más rápido.

Ejercicio: Usa el apéndice de este libro

El apéndice de este libro contiene tres textos de 500 palabras, una de ficción y dos de no-ficción. Una vez que hayas aprendido a leer rápido de forma exitosa, deberás ser capaz de leer cada uno de ellos en menos de un minuto. Están presentados con varias preguntas de comprensión para que puedas examinar tu retentiva junto a tu velocidad de lectura.

Recuerda que la lectura rápida no es apropiada para todas las ocasiones

Puede que quieras leer todo a paso rápido

de ahora en adelante, pero es importante que te des cuenta que no la lectura rápida no siempre es lo mejor. De hecho, hay muchas situaciones en la que no se recomienda. Primeramente, siempre tomate todo el tiempo que necesites cuando leas documentos legales ¡No hay necesidad de leer rápido un importante contrato solo para que puedas sentirte realizado si eso implica correr el riesgo de firmar la pérdida de tu vida! En segundo lugar, si estás leyendo un texto que contiene ideas tanto complejas como completamente nuevas para ti, la lectura rápida no será lo más apropiado. Al contrario, siéntete libre de regresar a las partes que no entendiste por completo a la primera vez, toma notas y resalta si es necesario.

Conclusión

¡Gracias por descargar y leer este libro de lectura rápida! Para este momento, deberías empezar a ver un marcado incremento en tu velocidad de lectura. Serás capaz de entender una gran variedad de materiales de una manera que nunca ante habías soñado. No olvides ver a la lectura rápida como una habilidad que necesita practica constante para poder mantenerla. Si tienes un mal día o sientes que no estas haciendo mucho progreso, no te permitas desanimarte por completo. Recuerda que toma tiempo y esfuerzo hacer cambios sustanciales en cualquier área de tu vida y en los hábitos, esto incluye cómo procesas los materiales escritos.

Si te gustó este libro ¿por qué no ayudas a otros lectores al dejar una reseña? ¡tu opinión es muy valiosa!

APÉNDICE -3 PÁRRAFOS DE PRÁCTICA CON PREGUNTAS

PÁRRAFO 1 – EXTRACTO DE FICCIÓN

El teléfono sonó a las 8:37 a.m. Nunca empiezo a trabajar hasta las 9:30 a.m.

"Yo iré" dijo Sarah, la chica de experiencia laboral. Ella debe estar presente desde las 8 a.m. para 'hacer la presentación'. ¿Por qué? ¿cuánta presentación tenemos? Le tendré que preguntar a Marcia.

Me senté en el sofá del lobby y discretamente lamí la palma de mi mano. Huele a whiskey. Hmm.

"¡Dr. Rossley!"

"Por favor, llámeme Sam". Sarah tiene los ojos color océano.

"Ok... Sam, hay una señorita que dice -su voz se redujo a un susurro- ¡que va a matarse el fin de semana a menos que le dé una cita! – los ojos de Sarah se abrieron con el asombro de aquellos que solo han estado trabajando en el negocio de la terapia por un par de semanas.

"¿Ella suena algo brusca, como si fumara mucho? ¿Ella decía mucho "¿Tu sabes, tu sabes"?"

La boca de Sarah se abrió. "Wow. ¿Cómo lo supo?

"Es Patricia Southell, ¿verdad?"

"Wow"-dijo Sarah de nuevo. "¿Ella es, um, una regular?"

"Si. Y ella no se lastimará". Me levanto y agarro un lado del sofá para apoyarme. "Dile que llame a A y a E si es tan suicida. De lo contrario, Marcia la verá el jueves. Creo que ella tuvo una cancelación". Me dirijo directamente a mi oficina con un propósito. Solo se necesitan dos intentos para abrir la manilla de la puerta.

"Así que ¿vas a hablar con ella?"- Me preguntó Sarah.

"No. Y tomaré mi azúcar con dos de azúcar esta mañana por favor Sarah".

Cerré la puerta detrás de mí y me desplomé en la silla de mi escritorio.

Mi nombre es Sam Rossley y soy psicoterapeuta. ¡Ayúdenme!

La pobre alma en el sofá esta mañana es TraceyThwaite. Si tuviera un nombre como ese también estaría en terapia. He tenido cinco años de análisis junguiano. Pude haberme ido para siempre. Eventualmente, tengo que tener terapia para superar a mi terapeuta. Ella era maravillosa. Aún estoy enamorado.

Tracey mide cinco pies, ratoncito, y es gorda de forma que no adula a nadie.

"Oh, hola" –dijo Tracey mientras se sentaba- "¿O tengo que acostarme?"

"No, no"-le dije. "Yo no elegí el sofá y tú no tienes que acostarte, es solo un homenaje visual juguetón a Freud y Jung, que algunas veces hicieron que sus pacientes se acostaran en el sofá". Soy un mentiroso compulsivo. Paso días estudiando los catálogos de muebles en el salón de práctica del personal. Marcia empezó a hacer comentarios de que estaba desarrollando una fijación por el sofá y que mi madre me había dejado solo demasiadas veces con muebles blandos. Ese sería el día. Mi mamá nunca me dejó solo y todavía no lo hace. Ella me llama cada tarde. La mayoría de las veces no respondo.

"Espero que Sarah le haya explicado los términos y condiciones" –le dije- "Nuestra

tarifa es de cincuenta y siete libras por hora de terapia, que son cincuenta minutos más diez minutos del seguimiento administrativo.
(500 palabras)
Preguntas de comprensión:
1. ¿Cuál es el nombre del narrador?
2. ¿Por qué dejó de participar en terapia personal?
3. ¿Cuánto dinero cobra el personaje por una hora de terapia?
4. Nombra los dos pacientes mencionados en el extracto.
5. ¿Qué problema psicológico parece estar sufrir el narrador?

PÁRRAFO 2 – EXTRACTO DE NO FICCIÓN

La realidad del cambio climático ahora ya esaceptada por expertos a nivel mundial. Aunque la temperatura de la tierra ha variado naturalmente en los últimos miles de años, parece que la actividad humana es directamente responsable de los cambios actuales. La temperatura global está incrementando gradualmente y los patrones se están convirtiendo más extremos e impredecibles. Se piensa que esto es el resultado del exceso del dióxido de carbono liberado en la atmósfera como producto de las actividades humanas, incluida la manufactura masiva.

Aunque es imposible predecir las consecuencias del cambio climático con precisión, los expertos acuerdan que las alteraciones a la atmósfera y el clima tendrá un efecto de golpe en los ecosistemas, redes alimenticias e inundaciones. Específicamente, las fluctuaciones en la temperatura pueden dar como resultado la extinción de animales o plantas porque no serán capaces de adaptarse a las nuevas condiciones. La escases de alimentos y sequías podrían convertirse en un problema en algunas áreas del mundo, así como la lluvia insuficiente podría tener un efecto devastador en la producción de cultivos.

Los gobiernos pueden usar varias estrategias para motivar a todos a bajar sus emisiones de carbón. Ellos pueden usar campañas de alerta para impulsar a la gente a reciclar, compartir carros y otros pasos. Pueden motivar a los negocios a reducir susemisionesal premiar con extensiones fiscales a aquellos que cumplan los objetivos de reducción de carbón. Alternativamente, pueden poner esquemas de impuestos a las corporaciones que no tomen un enfoque lo suficientemente proactivo en limitar sus emisiones. Los abogados pueden regular cómo las compañías tratan los desperdicios, reducen los excesos de las emisiones de carbono y aseguran que sus empleados hagan todo lo que esté en su poder para cuidar el medio ambiente.

Hay mucho por hacer como individuos para reducir nuestras huellas de carbono. Quizás el paso más simple y efectivo es llevar una vida sencilla, comprando menos productos y re-usando los que tenemos en vez de reemplazarlos a la oportunidad más próxima. Esto significa repensar nuestro sistema de valor y poner las necesidades de la tierra sobre nuestros deseos de poseer el último celular o computadora. Cuando llegue el tiempo de cambiar nuestras posesiones deberíamos reciclar todas las partes del componente.

Podemos reducir grandemente nuestras emisiones de carbono al disminuir la medida en que dependemos de los carros o abandonarlos por completo y optar por el transporte público. Usar una bicicleta puede llevar a ahorros significativos cada año ¡el petróleo no es barato! Compartir el coche, dos o más personas compartiendo el vehículo durante en viaje diario al trabajo o a la escuela, baja dramáticamente el número de carros en los caminos.

También podemos mostrar un poco de

consideración con el planeta no solo pensando cómo podemos transportarnos, sino cómo se mueve la comida a nuestro alrededor. Escogiendo productos que crecen en la localidad o que son del mismo país, viene con una huella más pequeña de carbono comparada con la comida que ha volado de otras partes del mundo.

1. Nombra tres formas en que todos pueden hacer su parte al reducir el cambio climático.
2. Menciona dos consecuencias del cambio climático.
3. Explica qué pueden hacer los gobiernos para motivar a las personas y empresarios a modificar sus comportamientos en forma que ayuda al medio ambiente.
4. ¿Qué se quiere decir con el término "Compartir el coche"?

PÁRRAFO 3 – EXTRACTO DE NO FICCIÓN

Las personas alrededor del mundo han estado guardo bitácoras por siglos. Conocidos también como diarios, una bitácora es un lugar donde tú puedes grabar tus pensamientos y sentimientos más profundos. Investigaciones han demostrado que una bitácora ofrece varios beneficios psicológicos. Lee para descubrir por qué tener un diario puede ayudarte a traer claridad y mejorar tu bienestar en general.

Primero, poner tus pensamientos y sentimientos en un papel puede ser bastante catártico. Te fuerza a bajar el ritmo y poner atención a lo que realmenteestá pasando en tu vida. Si te sientes abrumado, exponer tus problemas en blanco y negro puede ser una excelente forma de sentir que tienes "control de la situación". Puedes entonces empezar a formular un plan de acción. Por ejemplo, si te has estado sintiendo abrumado por varios problemas en tu relación.

Hacer un diario puede ayudarte a ver

dónde estás haciendo progresos. Por ejemplo, si estas intentado superar la depresión o dejar un mal hábito, mantener un diario puede proveerte un lugar seguro para ventilar la frustración que puedas sentir. También te brinda un espacio para documentar cualquier triunfo, aunque sea menor. Mantener registros escritos de tus progresos significa que puedes regresar a tu diario cuando sientas que te estas rindiendo o puedes regresar y recibir una nueva inspiración.

Hacer un diario también puede ayudarte a tomar decisiones más inteligentes. Al literalmente escribir los pros y contra de cualquier decisión insignificante que tengas que tomar en la vida, ya sea para elegir qué carrera escoger en la universidad, para continuar con una relación en particular, o si es para moverte por el país, obtienes una nueva visión de lo que realmente quieres, necesitas y deseas.

Si te disgusta la idea de escribir a mano en un cuaderno o en una computadora, puedes tratar con un diario visual. En vez de usar palabras, los diarios visuales hacen uso de colores e imágenes que pueden estar solo como entradas o proporcionar indicaciones para una exploración adicional (escrita). Por ejemplo, puede ser más fácil escribir algunas palabras en respuesta a una imagen triste cortada de una revista que escribir varios párrafos propios sobre tus luchas. Creando collages es una forma fácil de empezar con un diario visual. Si quieres escribir en un diario sobre un problema en particular pero no estás seguro de cómo comenzar, crea una "tabla de ánimo" o "página de ánimo", corta o imprime imágenes que resuenen contigo y transmitan tu ánimo actual.

Finalmente, aunque escribir en un diario es extremadamente útil como una actividad en solitario, también es usualmente usado como un ejercicio en sesiones de psicoterapia. El terapista puede pedirle a un cliente que lleve un diario, que puede actuar como un indicador de discusión para una futura sesión de terapia. Puesto que la terapia típicamente es dividida en bloques de cincuenta minutos, un cliente puede sentir que no tiene tiempo suficiente para poder discutir todos sus problemas con el terapista. El diario puede representar un "suplente" del terapista en estas situaciones.

www.ingramcontent.com/pod-product-compliance
Lightning Source LLC
LaVergne TN
LVHW020423080526
838202LV00055B/5019